LOS LUGARES DE MI COMUNIDAD

LA ALCALDÍA

Megan Cuthbert
y Jared Siemens

LIGHTBOX
openlightbox.com

LIGHTBOX

Entre a
www.openlightbox.com
e ingrese el código único
de este libro.

CÓDIGO DE ACCESO

LBXZ5672

Lightbox es una completa solución digital para enseñar y aprender temas curriculares de una manera original e innovadora. Lightbox se basa en las Normas Curriculares Nacionales.

OPTIMIZADO PARA

- ✓ TABLETAS
- ✓ PIZARRAS ELECTRÓNICAS
- ✓ COMPUTADORAS
- ✓ ¡Y MUCHO MÁS!

CARACTERÍSTICAS ESTÁNDAR DE LIGHTBOX

AUDIO Narraciones de alta calidad con sistema de texto a voz

VIDEOS Videoclips de alta definición incorporados

ACTIVIDADES PDFs imprimibles que pueden enviarse por correo electrónico y calificarse

ENLACES WEB Enlaces cuidadosamente seleccionados con recursos seguros para niños

PRESENTACIÓN EN DIAPOSITIVAS Ilustraciones gráficas de los conceptos clave

MAPAS INTERACTIVOS Mapas interactivos e imágenes satelitales aéreas

CUESTIONARIOS Diez preguntas de elección multiple con puntaje automático que se envían por correo electrónico al docente para su evaluación

PALABRAS CLAVE Combinación de los conceptos clave con sus definiciones

VIDEOS

ENLACES WEB

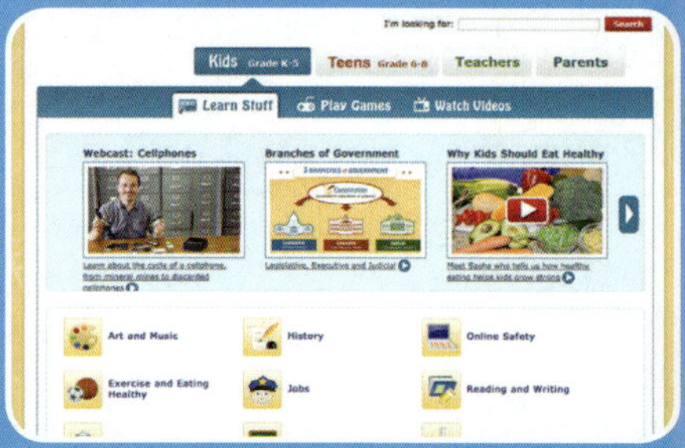

PRESENTACIÓN EN DIAPOSITIVAS

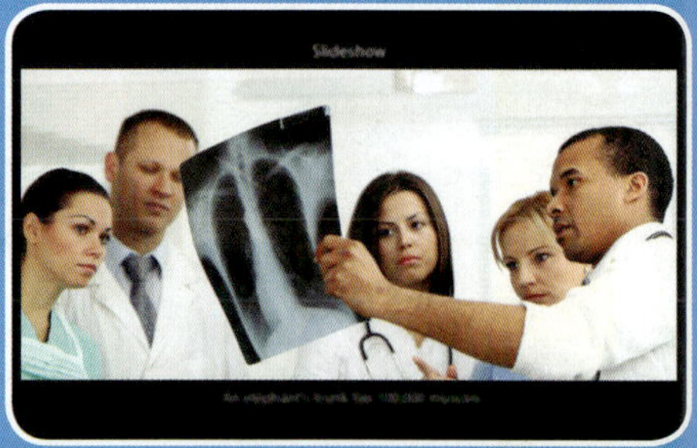

CUESTIONARIOS

LA ALCALDÍA

En este libro aprenderás sobre

la alcaldía

la gente que trabaja allí

por qué es importante

¡y mucho más!

Bienvenido a mi comunidad.
Aquí es donde vivo.

La alcaldía es uno de los lugares de mi comunidad.

La alcaldía es un lugar donde se hacen las leyes para mi ciudad.

Las leyes nos ayudan a convivir como vecinos.

La **alcaldía de Nueva York** es la alcaldía más antigua todavía en uso de los Estados Unidos.

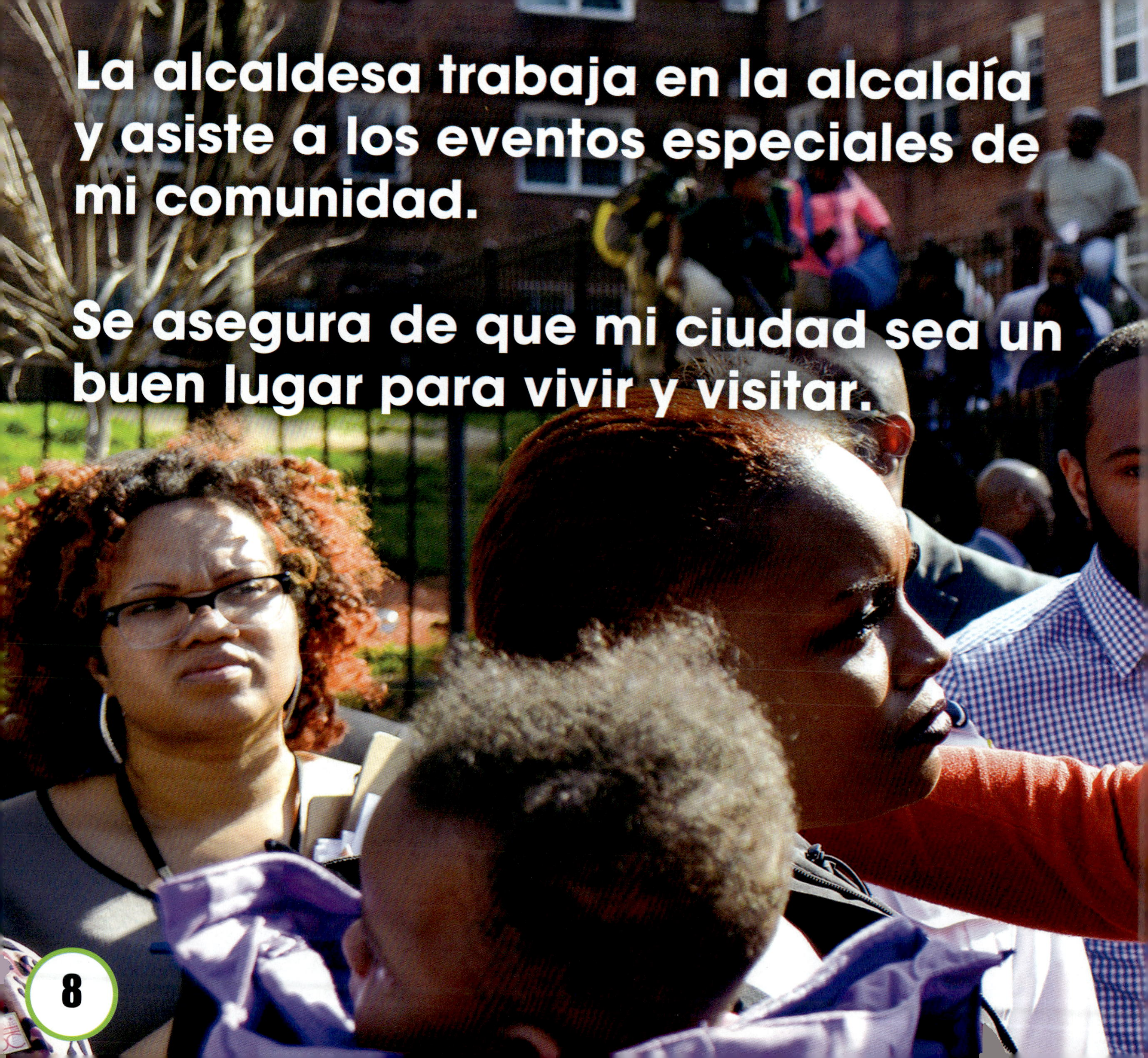

La alcaldesa trabaja en la alcaldía y asiste a los eventos especiales de mi comunidad.

Se asegura de que mi ciudad sea un buen lugar para vivir y visitar.

El alcalde y los concejales trabajan juntos para que mi ciudad crezca.

Ellos deciden dónde construir nuevas escuelas y casas.

Los habitantes de una ciudad **votan** para elegir al **alcalde** y los **concejales**.

Los policías, bomberos y paramédicos trabajan para la ciudad.

Ellos ayudan a proteger a mi comunidad.

La alcaldía se encarga de los buses y trenes de la ciudad.

Los buses y trenes me ayudan a llegar a los lugares donde quiero ir.

En 2015, viajaron más de **1,6 millones** de pasajeros por día en los buses y trenes de **Chicago, Illinois**.

3009
3009
Metropolitan Transit System
Green Line
MTS
San Diego Trolley
MTS
EXIT

Mi familia puede ir a la alcaldía a solicitar una nueva identificación para mi perro.

La identificación me ayuda a encontrar a mi perro si se pierde.

Una de cada **tres mascotas** se pierde a lo largo de su vida.

La gente de mi comunidad puede ir a la alcaldía para proponer nuevas ideas.

Se reúnen con el alcalde y los concejales.

Con mi clase, iremos de excursión a la alcaldía para conocer al alcalde.

Aprenderemos cómo los concejales hacen nuevas leyes.

Veamos qué has aprendido sobre la alcaldía y el alcalde.

¿Cuáles de estas imágenes no muestran algo relacionado con la alcaldía?

Published by Smartbook Media Inc.
350 5th Avenue, 59th Floor New York, NY 10118
Website: www.openlightbox.com

Library of Congress Control Number: 2017961959

ISBN 978-1-5105-3366-0 (hardcover)
ISBN 978-1-5105-3367-7 (multi-user eBook)

Printed in the United States of America in Brainerd, Minnesota
1 2 3 4 5 6 7 8 9 0 22 21 20 19 18

022018
011518

Spanish Project coordinator: Sara Cucini
Spanish Editor: Translation Services USA
English Project coordinator: Jared Siemens
Designer: Ana María Vidal

Every reasonable effort has been made to trace ownership and to obtain permission to reprint copyright material. The publisher would be pleased to have any errors or omissions brought to its attention so that they may be corrected in subsequent printings.

The publisher acknowledges Alamy, Getty Images, iStock, and Shutterstock as its primary image suppliers for this title.